Recettes au Wok et à la poêle

KÖNEMANN

Sandwiches surprises à la poêle

Croque-monsieur

Beurrez uniformément 2 tranches de pain de mie. Retournez une tranche et tartinez la face non beurrée de moutarde à l'ancienne. Recouvrez d'une tranche de jambon et de fines lamelles de gruyère. Posez l'autre tranche de pain, face non beurrée côté jambon. Faites chauffer une grande poêle à frire et déposez-y les sandwiches. Laissez cuire à feu moyen 2 minutes jusqu'à ce que le pain soit doré et que le fromage commence à fondre. Retournez délicatement à l'aide d'une spatule et laissez dorer l'autre face.

Sandwich latin

Beurrez uniformément 2 tranches de pain blanc. Garnissez de fines tranches de mozzarella, de menus morceaux de tomate séchée ou de poivron, et de la moitié d'un filet d'anchois haché. Recouvrez de la tranche de pain restante et partagez le sandwich en deux. Passez dans l'œuf battu, égouttez et saupoudrez légèrement de graines de sésame. Faites chauffez à feu doux un fond d'huile (1 cm) dans une grande poêle à frire. Mettez les sandwiches à dorer, 2 à 3 minutes de chaque côté. Posez-les et séchez-les sur du papier absorbant, servez immédiatement.

Doigts de sardines

Beurrez 2 tranches de pain blanc. Retournez une tranche et tartinez-la généreusement de sardines écrasées à la sauce tomate. Salez, poivrez et recouvrez avec l'autre tranche de pain, côté beurré visible. Enlevez la croûte du pain et partagez-le en trois portions. Faites frire dans une grande poêle jusqu'à ce que le pain soit légèrement doré.

Croque-monsieur

Sandwich latin

Doigts de sardines

Sandwich du gourmet

Tartinez de beurre ramolli 2 tranches de pain complet. Retournez une tranche et étalez-y une purée d'avocat. Salez et poivrez selon votre goût. Recouvrez de fines lamelles de blanc de poulet cuit, de tranches de tomate et de camembert ou de brie. Posez l'autre tranche de pain, côté beurré visible.
Faites chauffer une grande poêle à frire et déposez le sandwich. Laissez cuire à feu moyen 2 minutes jusqu'à ce que le pain soit doré et que le fromage commence à fondre. Retournez délicatement à l'aide d'une spatule et laissez dorer l'autre face.

Sandwich du gourmet

Chausson à l'œuf

Tartinez 2 tranches de pain de beurre ramolli et découpez un rond dans chacune d'elle à l'aide d'un emporte-pièce. Retournez une tranche et tartinez le côté non beurré de mayonnaise. Faites dorer 3 minutes les pains côté beurré. Dans la même poêle, faites frire 1 œuf en veillant à ce qu'il ne « s'étale pas ». Quand l'œuf est presque cuit, remettez le pain à chauffer quelques instants. Posez l'œuf sur la face tartinée de mayonnaise. Salez, poivrez, parsemez de ciboulette hachée et recouvrez avec l'autre tranche de pain, côté grillé apparent. Partagez en deux et servez immédiatement.

Chausson à l'œuf

Toast de pain aux raisins

Battez légèrement 1 œuf avec 1 cuillère à soupe de lait. Tremper des tranches de pain aux raisins dans l'œuf battu, égouttez-les. Mettez 2 cuillères à soupe de beurre à fondre dans une poêle et faites-y frire les tranches de pain, des deux côtés, jusqu'à ce qu'elles soient dorées. Partagez en deux et couronnez d'une boule de crème glacée nappée de sirop d'érable. Vous pouvez aussi servir avec de la confiture.

Toast de pain aux raisins

Les plats sautés

Une sélection de délicieuses préparations, rapides, diététiques, réalisables au wok ou à la poêle. En plus des classiques de la cuisine asiatique sont présentées des recettes originales qui associent les ingrédients les plus variés.

Porc Chow Mein

Temps de préparation :
20 minutes
Temps de cuisson :
15 minutes
Pour 4 personnes

✵ ✵

250 g de pâtes fraîches fines aux œufs ou de vermicelles
1 oignon moyen
1 carotte moyenne
4 oignons nouveaux
1 petit poivron rouge
1/3 de tasse d'huile
1 c. à café d'ail finement haché
2 c. à café de gingembre finement haché
1 tasse de dés de porc ou de jambon cuit
1 c. à soupe de sauce hoisin
1/2 tasse de germes de soja, équeutés
3 c. à café de Maïzena
1 tasse 1/4 de bouillon de volaille

1. Mettez les pâtes dans une casserole d'eau bouillante et faites-les cuire *al dente*. Égouttez-les et séchez-les sur un torchon propre. Coupez l'oignon en quatre ou en huit et séparez les anneaux. Émincez les carottes en fines lamelles.

2. Coupez les oignons nouveaux en tranches moyennes et le poivron en petits carrés.

3. Faites chauffer 1 cuillère à soupe d'huile dans une grande poêle. Versez-y la moitié des pâtes et laissez cuire 5 minutes à feu doux pour former un ensemble doré et croustillant. Retournez et laissez griller 5 minutes en arrosant d'une cuillère à soupe d'huile pendant la cuisson. Sortez et posez les pâtes sur une assiette que vous gardez au chaud. Répétez l'opération avec le reste des pâtes.

Poulet au miel et aux noix de cajou (en haut, recette p. 6) et porc Chow Mein.

4. Chauffez le reste d'huile dans une poêle ou un wok, faites revenir, et légèrement dorer l'ail et le gingembre. Ajoutez l'oignon, la carotte, l'oignon nouveau et le poivron et laissez revenir 3 minutes à feu vif.
5. Ajoutez le porc, la sauce hoisin et cuisez 1 minute en remuant de temps en temps. Ajoutez les germes de soja, faites sauter.
6. Mélangez la farine avec un peu de bouillon de volaille. Versez dans la poêle. Ajoutez le reste de bouillon. Remuez jusqu'à ce que la sauce bouillonne et épaississe. À l'aide d'un couteau, découpez les pâtes grillées en portions. Recouvrez du mélange au porc. Servez aussitôt.

Poulet au miel et aux noix de cajou

Temps de préparation :
10 minutes
Temps de cuisson :
15 minutes
Pour 4 personnes

4 blancs de poulet
2 oignons moyens
2 c. à soupe d'huile
1/2 tasse de noix de cajou
3/4 tasse de bouillon de volaille
1 c. à soupe de miel
1 c. à soupe de Maïzena
2 oignons nouveaux coupés en biais
Sel ou sauce soja à volonté

1. Coupez le poulet en lamelles longues et fines. Coupez l'oignon en deux, puis en morceaux fins.
2. Mettez la moitié de l'huile à chauffer dans un wok ou une poêle ; ajoutez les noix. Faites-les frire 2 minutes à feu vif, pour les faire dorer. Sortez-les de la poêle et égouttez sur du papier absorbant. Mettez le reste de l'huile à chauffer ; incorporez l'oignon et faites frire 2 minutes à feu vif pour le ramollir légèrement.
3. Ajoutez le poulet ; faites sauter 4 minutes pour le faire dorer. Baissez le feu ; versez la moitié du bouillon et laissez cuire jusqu'à ce que le poulet soit tendre et le bouillon presque évaporé.
4. Dans un bol, mélangez le miel, le reste de bouillon et la Maïzena. Versez sur le poulet ; remuez jusqu'à ce que la sauce se lie légèrement. Saupoudrez des tranches d'oignons nouveaux, assaisonnez de sel ou de sauce soja.

LE SECRET
Évitez de trop faire cuire les plats sautés. Les légumes en particulier, doivent être à peine revenus pour garder leur craquant.

Agneau sauté aux légumes verts

Temps de préparation :
10 minutes
Temps de cuisson :
15 minutes
Pour 4 personnes

500 g d'agneau dans le filet
Sel et poivre à volonté
1 blanc d'œuf, légèrement battu
1 c. à soupe de Maïzena
2 à 3 c. à soupe d'huile
2 cm de racine de gingembre frais, en tranches fines
2 gousses d'ail écrasées
2 c. à soupe de sauce soja
2 poireaux moyens, en tranches fines
250 g de feuilles d'épinards frais, lavées, en chiffonnade
1 petite botte de bok choy (variété d'épinards), coupés en morceaux de 2,5 cm
3/4 de tasse de petits pois surgelés
1 c. à soupe de sucre
1/4 de tasse de bouillon de volaille
Sauce au piment

1. Coupez l'agneau en lamelles d'environ 2,5 cm de large. Saupoudrez la viande de sel et de poivre ; plongez dans le blanc d'œuf et panez de Maïzena. Mettez la moitié de l'huile à chauffer dans une poêle ou un wok ; ajoutez le gingembre, l'ail et la sauce soja et faites sauter 30 secondes à feu vif. Rajoutez l'agneau et faites revenir 1 minute à feu vif,

Agneau sauté aux légumes verts.

jusqu'à ce que la viande change de couleur. Réduisez un peu le feu, couvrez la poêle et laissez cuire 3 minutes. Sortez la viande de la poêle.

2. Mettez le reste d'huile à chauffer ; ajoutez le poireau. Faites-le revenir 3 minutes à feu vif pour le ramollir.

3. Ajoutez l'épinard, le bok choy et les petits pois ; faites sauter 1 minute. Baissez le feu et couvrez ; laissez cuire 2 minutes. Dans un bol, mélangez le sucre, le bouillon et le piment ; versez dans la poêle et remuez. Mettez l'agneau et remuez pour bien mélanger ; laissez mijoter 2 minutes jusqu'à ce que la viande et les légumes soient tendres. Décorez éventuellement de zestes de citron.

Bœuf thaï

Temps de préparation :
15 minutes
Temps de cuisson :
7 minutes
Pour 4 personnes

200 g de pâtes aux œufs
400 g de bœuf dans le filet
2 c. à soupe d'huile
1 poivron rouge, coupé en lamelles
2 gousses d'ail écrasées
500 g de jeunes épinards (bok choy) hachés
8 oignons nouveaux hachés
1/4 de tasse de jus de citron vert
2 c. à soupe de sauce au piment doux
2 c. à soupe de sauce au poisson thaïlandaise
1/4 de tasse de coriandre fraîche hachée
1/4 de tasse de menthe fraîche hachée

1. Faites cuire les pâtes dans de l'eau bouillante ; égouttez.
2. Coupez le bœuf au fil de la viande, en fines lamelles.
3. Mettez la moitié de l'huile à chauffer dans la poêle ou le wok ; faites revenir la viande, par fournées. Laissez frire chaque fournée à feu vif pour faire dorer le bœuf sans le cuire. Sortez-le de la poêle ; égouttez sur du papier absorbant.
4. Mettez le reste d'huile à chauffer ; ajoutez le poivron et l'ail ; faites revenir à feu vif 1 minute. Ajoutez les épinards et l'oignon nouveau ; faites sauter 2 minutes à feu vif.
5. Incorporez le jus de citron, la sauce au piment, la sauce au poisson, la coriandre, la menthe, les pâtes et le bœuf ; faites revenir 2 minutes à feu vif jusqu'à ce que le tout soit bien chaud.

Légumes thaï au coco

Temps de préparation :
15 minutes
Temps de cuisson :
15 minutes
Pour 4-6 personnes

1 c. à soupe d'huile
2 petits oignons, coupés en quatre
1 c. à café de cumin moulu
150 g de fleurettes de chou-fleur
1 poivron rouge moyen, haché
2 branches de céleri, émincées
1 tasse 1/2 (375 g) de citrouille râpée
1 tasse de lait de noix de coco
1 tasse de bouillon de légume
1 c. à soupe de sauce au piment doux
150 g de haricots verts
1 c. à soupe de coriandre fraîche finement hachée

1. Faites chauffer l'huile dans une poêle ou un wok. Ajoutez l'oignon et le cumin ; faites cuire à feu moyen 2 minutes jusqu'à ce que les oignons dorent.
2. Ajoutez le chou-fleur, faites revenir 2 minutes à feu vif. Mettez le poivron, le céleri et la citrouille 2 minutes à feu vif jusqu'à ce que les légumes s'attendrissent.
3. Ajoutez le lait de noix de coco, le bouillon de légume et la sauce au piment. Réduisez le feu et laissez cuire 8 minutes, à découvert.
4. Équeutez les haricots, coupez-les en deux. Mettez-les, avec la coriandre, dans la poêle ; faites cuire 2 minutes de plus, pour attendrir les haricots. Enlevez du feu. Servez éventuellement avec du riz vapeur.

LE SECRET
Faites sauter la viande par fournées, pour éviter d'encombrer la poêle ou le wok. Si vous cuisez toute la viande à la fois, vous obtiendrez trop de jus, et la viande cuira à la vapeur et durcira.

Bœuf thaï (en haut) et légumes thaï au coco.

Mange-tout et poivron

Temps de préparation :
10 minutes
Temps de cuisson :
7 minutes
Pour 4 personnes

1 gros oignon pelé
185 g de mange-tout
1 c. à soupe d'huile
1 c à soupe de gingembre râpé
1 poivron rouge en lamelles
1 petite gousse d'ail écrasée
1 c. à soupe de sauce d'huîtres
1 c. à café de sucre
Une pincée de sel
1 c. à soupe d'eau

1. Coupez l'oignon en deux, puis en tranches fines. Équeutez les mange-tout.
2. Faites chauffer l'huile dans une poêle ou un wok ; ajoutez l'oignon, le gingembre et le poivron ; faites revenir 4 à 5 minutes, à feu vif, jusqu'à ce que les légumes s'attendrissent. Ajoutez l'ail et les mange-tout ; faites revenir 2 minutes jusqu'à ce que les mange-tout deviennent vert vif.
3. Versez la sauce d'huîtres, le sucre, le sel et l'eau dans la poêle et mélangez bien. Servez immédiatement.

Crevettes au coco avec pousses de bambou

Temps de préparation :
20 minutes
Temps de cuisson :
5 minutes
Pour 4 personnes

1,25 kg de grosses crevettes crues
2 c. à soupe d'huile
2 oignons coupés en quatre
1 à 2 c. à soupe de pâte de curry verte
230 g de pousses de bambou en conserve, en tranches, égouttées
1/2 tasse de lait de noix de coco
1 c. à soupe de jus de citron
3 c. à soupe de sauce au poisson
2 c. à soupe de sucre
1/3 de tasse de basilic haché

1. Décortiquez et déveinez les crevettes ; laissez-leur la queue. Mettez l'huile à chauffer dans une poêle, faites fondre l'oignon, 3 minutes à feu moyen. Ajoutez la pâte de curry, mettez à feu vif 1 minute. Incorporez les crevettes, faites sauter 1 minute à feu vif.
2. Ajoutez les pousses de bambou, le lait de noix de coco, le jus de citron, la sauce au poisson, le sucre et le basilic ; faites épaissir la sauce, 2 minutes, à feu vif.

Asperges sautées aux graines de sésame

Temps de préparation :
10 minutes
Temps de cuisson :
6 minutes
Pour 4 personnes

1 c. à soupe de graines de sésame
2 c. à soupe d'huile
1 gousse d'ail, finement hachée
1 c. à café de gingembre frais râpé
750 g d'asperges pelées et coupées en morceaux de 5 cm
1 c. à café de sel
1/2 c. à café de poivre
1/2 c. à café de sucre
2 c. à café d'huile de sésame
1 c. à café de sauce soja

1. Faites chauffer le wok ou la poêle ; versez et faites dorer les graines de sésame 2 minutes à feu vif. Sortez-les de la poêle.
2. Mettez l'huile à chauffer dans la poêle ; ajoutez l'ail, le gingembre et les asperges. Laissez attendrir 3 minutes à feu vif. Salez et poivrez les légumes, ajoutez le sucre. Faites sauter 1 minute à feu vif.
3. Arrosez d'huile de sésame, de sauce soja et saupoudrez de graines de sésame. Servez aussitôt.

De haut en bas : mange-tout et poivron, crevettes au coco avec pousses de bambou et asperges sautées aux graines de sésame.

Bœuf aux bok choy

Temps de préparation :
20 minutes
Temps de cuisson :
10 minutes
Pour 4 personnes

1 botte de bok choy
2 c. à soupe d'huile
2 gousses d'ail écrasées
250 g de rumsteck, en fines lamelles
2 c. à soupe de sauce soja
1 c. à soupe de xérès doux
2 c. à soupe de basilic frais haché
2 c. à soupe d'huile de sésame

1. Lavez les bok choy ; égouttez-les. Découpez les feuilles en larges bandes et les tiges en fines lanières. Mettez 1 cuillère à soupe d'huile à chauffer dans la poêle ou le wok ; ajoutez l'ail et faites sauter 30 secondes.

2. Mettez le reste d'huile à chauffer ; ajoutez la viande par petites fournées et faites-la revenir 3 minutes à feu vif jusqu'à ce qu'elle dore. Sortez-la de la poêle.

3. Faites sauter le chou, 30 secondes, juste pour le ramollir. Ajoutez la viande, la sauce soja et le xérès. Faites sauter 2 à 3 minutes pour attendrir la viande.

4. Ajoutez le basilic et l'huile de sésame ; remuez bien. Servez aussitôt. Décorez éventuellement de lamelles de poivron rouge.

LE SECRET
Le choi sum, légume asiatique, a le même parfum que le bok choy et peut donc remplacer ce dernier dans cette recette. Ses feuilles sont plus longues et ses tiges plus courtes. On peut aussi cuisiner des bok choy nains.

Bœuf aux bok choy.

1 Découpez les feuilles de bok choy en larges bandes et les tiges en fines lamelles.

2 Faites revenir la viande par fournées, à feu vif, jusqu'à ce qu'elle dore un peu.

3 Faites sauter rapidement les bok choy, juste pour attendrir les feuilles.

4 Remettez la viande dans la poêle et ajoutez le basilic frais haché.

Fruits de mer sautés

Temps de préparation :
20 minutes
Temps de cuisson :
5 minutes
Pour 4 personnes

400 g de filets de poissons blancs
200 g de crevettes moyennes crues
1 c. à soupe d'huile
2 petits piments rouges hachés
4 cm de tige de citronnelle, partie blanche uniquement, finement hachée
2 gousses d'ail écrasées
100 g de mange-tout, découpés en biais
1 à 2 c. à soupe de sauce au poisson
6 oignons nouveaux, émincés en tranches de 2 cm
1/4 de tasse de basilic haché
2 c. à soupe de coriandre fraîche, hachée

1. Coupez le poisson en petits dés. Décortiquez les crevettes, en gardant les queues. Mettez l'huile à chauffer dans une poêle ou un wok ; ajoutez le piment haché, le poisson, la citronnelle, l'ail et les mange-tout. Faites revenir 2 minutes à feu moyen, juste pour faire cuire le poisson. Ajoutez les crevettes et laissez cuire jusqu'à ce qu'elles rosissent.
2. Ajoutez la sauce, les oignons, le basilic et la coriandre ; faites sauter 1 minute. Servez aussitôt.

Macédoine de légumes au gingembre

Temps de préparation :
10 minutes
Temps de cuisson :
5 minutes
Pour 4 personnes

1 c. à soupe d'huile
3 c. à café de gingembre râpé
4 oignons nouveaux
230 g de marrons en boîte, égouttés, coupés en deux
425 g de mini-épis de maïs égouttés
1 tasse de chou chinois finement haché
125 g de germes de soja, équeutés
1 c. à soupe de sauce soja
1 à 2 c. à soupe de sauce d'huîtres
2 c. à café d'huile de sésame

1. Mettez l'huile à chauffer dans la poêle ou le wok ; ajoutez le gingembre et l'oignon nouveau. Faites sauter 1 minute à feu vif. Ajoutez les marrons et le maïs ; faites revenir 30 secondes.
2. Mettez le chou, les germes de soja et les sauces ; faites revenir 1 minute. Versez l'huile de sésame ; remuez bien.

Macédoine de légumes au gingembre (en haut) et fruits de mer sautés.

Poulet aux asperges et aux amandes

Temps de préparation :
15 minutes
Temps de cuisson :
8 minutes
Pour 4 personnes

500 g de blancs de cuisses de poulet
2 c. à soupe d'huile
300 g d'asperges fraîches, coupées en morceaux de 5 cm
1 gros poivron rouge, coupé en lamelles
1 c. à soupe de gingembre frais râpé
8 oignons nouveaux, coupés en morceaux de 3 cm
2 c. à soupe de sauce au piment doux
3 c. à soupe de sauce soja
1/2 tasse d'amandes blanchies, grillées

1. Parez le poulet. Coupez-le en fines lamelles. Mettez l'huile à chauffer dans la poêle ou le wok ; ajoutez les asperges et le poivron ; faites sauter 2 minutes à feu vif. Sortez-les de la poêle et réservez. Faites alors revenir 1 minute le gingembre. Ajoutez le poulet, et faites-le dorer, par fournées, 2 à 3 minutes. Remettez les asperges et le poivron dans la poêle.

2. Ajoutez les oignons et les sauces ; faites sauter 2 minutes jusqu'à ce que le poulet et les légumes soient tendres. Mettez enfin les amandes et faites revenir.

Remarque. Si les tiges des asperges sont épaisses, coupez-les en deux dans le sens de la longueur, elles cuiront plus vite.

Agneau à la grecque

Temps de préparation :
20 minutes
Temps de cuisson :
8 minutes
Pour 4 personnes

400 g de filets d'agneau
2 c. à soupe d'huile d'olive
1 gros oignon rouge, émincé
3 courgettes moyennes, en tranches fines
200 g de tomates cerises coupées en deux
3 gousses d'ail écrasées
2 c. à soupe de jus de citron
1/3 de tasse d'olives noires dénoyautées, coupées en deux
2 c. à soupe d'origan frais, finement haché
100 g de feta écrasée
1/3 de tasse de pignons grillés

1. Coupez les filets d'agneau en fines lamelles. Faites chauffer la poêle ou le wok, versez l'huile, attendez 30 secondes. Ajoutez les lamelles d'agneau par petites fournées et faites revenir chaque fournée durant 1 à 2 minutes. Transférez dans un plat.

2. Mettez l'oignon et la courgette dans la poêle. Faites sauter à feu vif 2 minutes pour les attendrir. Ajoutez les tomates cerises et l'ail écrasé. Faites sauter 1 à 2 minutes pour ramollir les tomates. Remettez la viande dans la poêle et faites cuire à feu vif jusqu'à ce qu'elle soit chaude.

3. Enlevez la poêle du feu. Incorporez le jus de citron, les olives et l'origan dans la poêle ; remuez pour bien mélanger. Saupoudrez de feta émiettée et de pignons avant de servir.

Poulet aux asperges et aux amandes (en haut) et agneau à la grecque.

LE SECRET
Ne vous limitez pas aux ingrédients traditionnels asiatiques pour cuisiner des plats sautés. Vous pouvez aussi utiliser des olives, des tomates ou encore du fromage. Prenez toujours des ingrédients frais, faites-les revenir rapidement, vous obtiendrez des plats délicieux et originaux.

Bœuf sucré-salé aux légumes

Temps de préparation :
15 minutes
Temps de cuisson :
10 minutes
Pour 4 personnes

500 g de bœuf dans le filet
2 c. à soupe d'huile
2 carottes, finement émincées
2 c. à soupe d'huile de sésame
2 courgettes moyennes, émincées
2 branches de céleri, émincées
250 g de champignons de Paris, émincés
4 gousses d'ail écrasées
1 c. à soupe de sambal oelek (purée de piment)
2/3 de tasse de jus d'orange
1/3 de tasse de sauce aux prunes
2 c. à soupe de xérès
2 c. à soupe de sauce teriyaki

1. Coupez le bœuf au fil de la viande, puis en fines tranches. Mettez l'huile à chauffer dans la poêle ou le wok ; ajoutez le bœuf et faites revenir 2 à 3 minutes pour la faire dorer, mais sans la cuire. Sortez-la de la poêle et égouttez-la sur du papier absorbant.
2. Mettez les carottes et l'huile de sésame dans la poêle ; faites sauter 2 minutes à feu vif. Ajoutez la courgette, le céleri, les champignons, l'ail et le sambal oelek ; cuisez 3 minutes.
3. Versez le jus d'orange, la sauce aux prunes, le xérès et la sauce teriyaki ; faites revenir 2 minutes à feu vif, pour attendrir les légumes, jusqu'à ce que la sauce épaississe. Remettez le bœuf dans la poêle ; faites sauter 1 minute jusqu'à ce qu'elle soit bien chaude. Décorez éventuellement de lanières de carottes.

Poulet aux champignons et vermicelles

Temps de préparation :
25 minutes
Temps de cuisson :
10 minutes
Pour 4 personnes

100 g de vermicelles
12 gros champignons noirs déshydratés
2 c. à soupe d'huile
1 oignon haché
2 gousses d'ail écrasées
1 à 2 c. à soupe de sambal oelek (purée de piment)
500 g de poulet haché
2 tasses de germes de soja
1/2 tasse de coriandre fraîche hachée
2 c. à soupe de jus de citron vert
1 c. à soupe de sauce au poisson
1 c. à soupe de sauce soja

1. Plongez les vermicelles dans de l'eau bouillante pendant 3 minutes, pour les attendrir ; égouttez.
2. Mettez les champignons dans un bol et recouvrez d'eau bouillante. 15 minutes plus tard, égouttez-les. Découpez ces champignons en tranches et enlevez la queue.
3. Faites chauffer l'huile dans la poêle ; ajoutez l'oignon, l'ail et le sambal oelek. Faites revenir 2 minutes à feu moyen. Mettez le poulet et faites sauter 3 minutes à feu vif, jusqu'à ce que le hachis soit doré et que le liquide soit évaporé. Détachez la viande avec une fourchette pour bien la cuire.
4. Ajoutez les germes de soja, le jus de citron, la sauce au poisson, la sauce soja, les vermicelles cuits et les champignons en tranches ; faites sauter 2 minutes à feu vif pour bien chauffer le tout. Décorez éventuellement de piment en lanières.

> LE SECRET
> Quand vous cuisinez un plat sauté, préparez tous les ingrédients à l'avance afin de pouvoir les mettre dans la poêle sans perdre de temps ; hachez les légumes en morceaux égaux pour qu'ils cuisent tous de la même façon.

Poulet aux champignons et vermicelles (en haut), Bœuf sucré-salé aux légumes.

Riz sauté

Temps de préparation :
15 minutes
Temps de cuisson :
10 minutes
Pour 4 personnes

4 oignons nouveaux
2 c. à soupe d'huile d'arachide
2 œufs légèrement battus
1 oignon moyen en tranches
250 g de jambon en lanières
4 tasses de riz cuit, froid
1/4 de tasse de petits pois surgelés
2 c. à soupe de sauce soja
250 g de petites crevettes cuites, décortiquées

1. Coupez les oignons nouveaux en petits morceaux. Mettez 1 cuillère à soupe d'huile à chauffer dans une grande poêle ou un wok, et ajoutez les œufs. Lorsque ceux-ci commencent à prendre, poussez-les au centre et inclinez la poêle pour que l'œuf s'y répande uniformément.
2. Lorsque l'œuf a presque pris, posez-le dans un plat. Coupez cette omelette en lanières et réservez.
3. Faites chauffer le reste d'huile dans le wok. Ajoutez l'oignon et faites-le fondre 1 à 2 minutes, à feu vif. Mettez le jambon ; faites revenir 1 minute. Ajoutez le riz et les petits pois ; faites revenir 3 minutes, jusqu'à ce que le riz soit bien chaud. Ajoutez les œufs, le soja, les oignons nouveaux et les crevettes. Laissez réchauffer suffisamment et servez.

Poulpes au piment

Temps de préparation :
20 minutes + 2 heures de marinade
Temps de cuisson :
4 minutes
Pour 4 personnes

750 g de jeunes poulpes
1 c. à soupe d'huile
2 gousses d'ail écrasées
2 c. à soupe de sauce au piment doux
1 c. à soupe de jus de citron
2 c. à soupe d'huile supplémentaire

1. Lavez soigneusement les poulpes, égouttez-les sur du papier absorbant. Avec un petit couteau pointu incisez la tête ; enlevez les boyaux. Tenez fermement le poulpe et extrayez avec un doigt toutes les impuretés. Si le poulpe est gros, coupez les tentacules en deux.
2. Mélangez les poulpes, l'huile, l'ail, la sauce et le jus de citron dans un saladier ; recouvrez d'un film plastique et mettez au réfrigérateur, 2 heures.
3. Faites chauffer le reste d'huile dans une poêle ou un wok. Égouttez les poulpes et réservez la marinade. Faites sauter, 3 à 4 minutes, à feu moyen, pour les attendrir. Ajoutez le reste de marinade et réchauffer.

Bœuf aux 5 épices

Temps de préparation :
15 minutes
Temps de cuisson :
10 minutes
Pour 4 personnes

1 c. à café de poudre aux 5 épices
1/2 c. à café de poivre noir
500 g de rumsteck
2 c. à soupe d'huile
3 c. à soupe de gingembre finement râpé
4 oignons nouveaux, coupés en morceaux de 3 cm
2 c. à soupe de sauce soja
2 c. à soupe de sauce d'huîtres

1. Mélangez les 5 épices et le poivre. Badigeonnez-en les deux côtés de la viande. Coupez la viande en fines lanières. Mettez 1 cuillère à soupe d'huile à chauffer dans une poêle ou un wok. Faites revenir 1 minute le gingembre et l'oignon nouveau. Sortez de la poêle et gardez au chaud.
2. Faites revenir et légèrement dorer la viande par fournées, à feu vif.
3. Remettez toute la viande dans la poêle et ajoutez les sauces ; remuez bien. Servez aussitôt.

De haut en bas : bœuf aux 5 épices, poulpes au piment et riz sauté.

Agneau aux épices

Temps de préparation :
5 minutes
Temps de cuisson :
10 minutes
Pour 4 personnes

500 g de filets d'agneau
2 c. à soupe d'huile
2 c. à soupe de cumin moulu
2 c. à café de coriandre moulue
2 c. à café de menthe déshydratée
1 c. à café de safran
10 feuilles d'épinards chiffonnées
2 c. à café de Maïzena
1 c. à soupe de jus de citron
1/2 tasse de raisins secs
1/4 de tasse de pignons
Yaourt, pour le service

1. Parez la viande ; coupez-la en lamelles. Mettez l'huile à chauffer dans la poêle ou le wok. Ajoutez le cumin, la coriandre, la menthe et le safran ; faites sauter 1 minute, à feu vif.
2. Ajoutez la viande et faites-la revenir et dorer, par fournées, 4 minutes à feu vif. Réservez. Ajoutez les épinards et faites-les sauter 4 minutes, jusqu'à ce qu'ils soient cuits.
3. Mélangez le jus de citron et la Maïzena. Versez dans la poêle et ajoutez les raisins secs et les pignons ; faites revenir jusqu'à ce que la sauce épaississe. Remettez la viande dans la poêle et faites-la réchauffer. Sortez du feu et nappez d'un peu de yaourt.

Macédoine de légumes à la chinoise

Temps de préparation :
5 minutes
Temps de cuisson :
4 minutes
Pour 4 personnes

1 carotte moyenne
1 poivron rouge moyen
125 g de haricots verts
1 c. à soupe d'huile
1 gousse d'ail écrasée
200 g de champignons de couche
1 c. 1/2 à soupe de Maïzena
1/3 de tasse de bouillon de volaille
1 c. à café d'huile de sésame
1 c. à café de sucre en poudre
2 c. à café de sauce soja

1. Émincez les carottes. Égrainez et hachez le poivron. Équeutez les haricots et coupez-les en 2.
2. Mettez l'huile à chauffer dans la poêle ou le wok. Ajoutez les carottes et faites sauter 30 secondes, à feu vif. Incorporez l'ail, le poivron, les haricots et les champignons ; faites revenir 2 minutes, à feu vif ; les légumes doivent être cuits, mais rester craquants.
3. Diluer la Maïzena dans un peu de bouillon. Mélangez au reste de bouillon, l'huile de sésame, le sucre et le soja. Versez dans le wok ; faites cuire jusqu'à ce que la sauce épaississe.

Poulet sauté aux épices et à la tomate

Temps de préparation :
15 minutes
Temps de cuisson :
8 minutes
Pour 4 personnes

2 c. à soupe d'huile
2 gousses d'ail écrasées
3 c. à café de romarin frais, haché
2 petits piments rouges hachés
6 oignons nouveaux
500 g de blancs de poulet, coupés en lanières
1 grosse tomate pelée, épépinée, hachée
1 c. à soupe de concentré de tomates
1 c. à soupe de sauce Worcestershire
3 c. à café de sauce raifort
Poivre noir fraîchement moulu, à volonté
1 c. à soupe de jus de citron

1. Mettez l'huile à chauffez dans la poêle ou le wok ; incorporez l'ail, le romarin, le piment et l'oignon nouveau ; faites revenir 2 minutes à feu vif.
2. Ajoutez le poulet ; faites sauter et dorer légèrement la viande, 3 minutes. Incorporez la tomate, le concentré, la sauce et le raifort ; laissez cuire 1 minute.
3. Ajoutez le poivre et le jus de citron ; mélangez et laissez cuire 2 minutes.

De haut en bas : agneau aux épices, poulet sauté aux épices et à la tomate, et macédoine de légumes à la chinoise.

Café

Porc aux pruneaux et aux légumes

Temps de préparation :
15 minutes
Temps de cuisson :
10 minutes
Pour 4 personnes

500 g de filet de porc
1 c. à soupe d'huile
2 petits oignons coupés en quartiers
2 c. à café de gingembre râpé
1/2 tasse de confiture de pruneau
2 c. à soupe de sauce soja
200 g de mange-tout équeutés
2 petites carottes, coupées en biais
2 petits panais coupés en lamelles

1. Parez la viande. Coupez-la en tranches fines. Mettez l'huile à chauffer dans la poêle ou le wok. Faites-y revenir la viande, 4 minutes, à feu vif, jusqu'à ce qu'elle dore. Égouttez sur du papier absorbant.
2. Ajoutez l'oignon et le gingembre ; faites sauter 2 minutes jusqu'à ce qu'ils dorent. Versez la confiture et la sauce soja dans la poêle ; faites revenir 2 minutes, jusqu'à ce que la confiture ait fondu et légèrement épaissi.
3. Incorporez les mange-tout, les carottes et les panais à la poêle ; faites sauter 4 minutes à feu vif. Remettez la viande dans la poêle et faites-la réchauffer 1 minute, à feu vif. Sortez du feu ; servez aussitôt avec du riz ou des pâtes.

Légumes verts à la chinoise

Temps de préparation :
10 minutes
Temps de cuisson :
3 minutes
Pour 4 personnes

1 botte de jeunes épinards ou de choi sum
1 c. à soupe d'huile d'arachide
1 c. à soupe de sauce d'huîtres
2 c. à café de sauce aux haricots noirs
1 c. à café d'huile de sésame

1. Débarrassez les épinards des feuilles décolorées et des tiges coriaces. Détachez les feuilles et lavez-les ; séchez-les avec du papier absorbant.
2. Coupez les tiges en longueurs égales et les feuilles en larges lanières. Mettez l'huile à chauffer dans le wok ; ajoutez les tiges. Faites-les saisir, puis couvrez et laissez cuire 2 minutes. Ajoutez les feuilles et faites-les revenir 1 minute pour les attendrir.
3. Versez les sauces et l'huile de sésame ; réchauffez 30 secondes. Servez aussitôt.

Poulet aux pousses de bambou

Temps de préparation :
30 minutes
Temps de cuisson :
10 minutes
Pour 4 personnes

1 c. à soupe d'huile
4 oignons nouveaux, coupés en tranches de 1 cm
2 c. à café de gingembre finement râpé
500 g de blancs de poulet, coupés en lamelles
1/2 tasse de pousses de bambou, en tranches
1 poivron rouge, finement émincé
2 c. à soupe de sauce soja
1 à 2 c. à soupe de sauce au piment doux
100 g de noix de cajou grillées

1. Mettez l'huile à chauffer dans la poêle ou le wok. Faites revenir 30 secondes l'oignon nouveau et le gingembre, à feu vif. Ajoutez le poulet et faites sauter, par fournées, 2 à 3 minutes, à feu vif, jusqu'à ce que le poulet soit doré, sans être cuit.
2. Incorporez les pousses de bambou et le poivron ; faites sauter 2 minutes, à feu vif. Versez la sauce soja, la sauce au piment, ajoutez les noix de cajou et faites réchauffer.

De haut en bas : légumes verts à la chinoise, poulet aux pousses de bambou et porc aux pruneaux et aux légumes.

Coquilles Saint-Jacques et légumes sautés

Temps de préparation :
15 minutes
Temps de cuisson :
8 minutes
Pour 4 personnes

2 c. à soupe d'huile
500 g de coquilles Saint-Jacques
300 g de mange-tout
250 g d'asperges, coupées en tronçons de 4 cm
2 gousses d'ail écrasées
4 oignons nouveaux, hachés
2 c. à café de safran moulu
1/2 c. à café de piment sec en lamelles
1/3 de tasse de fumet de poisson
1/4 de tasse de xérès
1 c. à soupe de sauce soja
1/2 tasse de cacahuètes non salées

1. Faites chauffer 1 cuillère à soupe d'huile dans une poêle ou un wok. Mettez les Saint-Jacques et faites-les dorer légèrement, 1 minute à feu vif. Sortez-les de la poêle et égouttez-les sur du papier absorbant.
2. Faites chauffer le reste d'huile dans la poêle ; ajoutez les mange-tout et les asperges et faites sauter 3 minutes, à feu vif, pour les attendrir. Incorporez l'ail, les oignons nouveaux, le safran et le piment ; faites sauter 1 minute.
3. Versez le bouillon, le xérès et la sauce soja ; faites revenir 1 minute pour attendrir les légumes. Ajoutez les cacahuètes et les Saint-Jacques ; faites sauter 1 minute pour bien réchauffer le tout.

Poulet thaï

Temps de préparation :
20 minutes
Temps de cuisson :
10 minutes
Pour 4 personnes

350 g de brocolis
1 poivron rouge moyen
1 oignon moyen
2 c. à soupe d'huile
1 c. à soupe de pâte au curry verte
2 tiges de citronnelle, finement hachées
2 gousses d'ail écrasées
500 g de blanc de poulet émincé
1 c. à soupe de sauce au poisson
2 c. à café de jus de citron
2 c. à café de sucre roux
1 c. à soupe de sauce au piment doux

1. Enlevez les tiges des brocolis et détachez les fleurettes. Sortez les graines du poivron et coupez la chair en biais, en 3 ou 4 morceaux. Coupez l'oignon en 8 morceaux et séparez les anneaux. Mettez 1 cuillère à soupe d'huile à chauffer dans la poêle ou le wok. Ajoutez la pâte au curry, la citronnelle et l'ail ; faites revenir 30 secondes, à feu moyen. Ajoutez l'oignon, faites sauter 1 minute.
2. Mettez le poulet, et faites cuire la viande par fournées, à feu vif, jusqu'à ce qu'elle dore, sans être cuite. Sortez de la poêle.
3. Mettez le reste d'huile à chauffer et ajoutez les brocolis et le poivron. Faites revenir 1 minute à feu vif. Remettez le poulet dans la poêle ; ajoutez la sauce au poisson, le jus de citron et le sucre ; laissez cuire 5 minutes, à feu moyen, jusqu'à ce que le poulet soit cuit. Mélangez bien à la sauce. Servez agrémenté de piment émincé, si vous le désirez.

LE SECRET
On trouve de la pâte au curry verte dans les épiceries spécialisées en produits exotiques. À base de piment vert, elle est très relevée. Si vous n'aimez pas les plats trop relevés, réduisez les doses indiquées dans les recettes. La saveur n'en sera pas altérée.

Poulet thaï (en haut)
et coquilles Saint-Jacques et légumes sautés.

Tofu aux légumes

Temps de préparation :
20 minutes
Temps de cuisson :
20 minutes
Pour 4-6 personnes

125 g de vermicelles de riz
3/4 de tasse d'huile
1 c. à soupe de sauce soja
1 c. à soupe de xérès
1 c. à soupe de sauce d'huîtres
1/2 tasse de bouillon de volaille
2 c. à café de Maïzena
2 c. à café d'eau
1 c. à soupe d'huile en plus
1 gousse d'ail écrasée
1 c. à café de gingembre râpé
375 g de tofu ferme, coupé en petits dés
2 carottes moyennes, coupées en allumettes
250 g de mange-tout équeutés
4 oignons nouveaux, finement hachés
425 g de champignons de couche en conserve, égouttés

1. Cassez les vermicelles. Faites chauffer la moitié de l'huile dans le wok. Cuisez les vermicelles par fournées, à feu moyen, jusqu'à ce qu'ils croustillent (ajoutez de l'huile si nécessaire). Séchez sur du papier absorbant.
2. Mélangez la sauce soja, le xérès, la sauce d'huîtres et le bouillon. Diluez la Maïzena dans l'eau.
3. Chauffez le wok ; versez le reste d'huile, l'ail et le gingembre, cuisez 1 minute, à feu vif. Ajoutez le tofu ; faites revenir 3 minutes. Sortez du wok. Mettez les carottes et les mange-tout ; faites sauter 1 minute. Versez les sauces et le bouillon ; couvrez et laissez cuire 3 minutes (les légumes doivent être craquants). Remettez le tofu dans la poêle.
4. Ajoutez l'oignon, les champignons, la Maïzena diluée. Remuer pour épaissir, sortez du feu. Servez avec les vermicelles.

Tofu aux légumes aux vermicelles craquants.

1 Cuisez les vermicelles dans l'huile chaude et égouttez sur du papier absorbant.

2 Mélangez la sauce soja, le xérès, la sauce d'huîtres et le bouillon de volaille.

3 Faites sauter les dés de tofu 3 minutes, jusqu'à ce qu'ils dorent.

4 Remettez tous les ingrédients dans la poêle, ajoutez l'oignon et les champignons.

Tagliatelles au porc et aux crevettes

Temps de préparation :
20 minutes
Temps de cuisson :
10 minutes
Pour 4 personnes

12 crevettes moyennes précuites
200 g de porc rôti ou grillé au barbecue
500 g de tagliatelles larges aux œufs, fraîches
1/4 de tasse d'huile d'arachide
2 c. à café d'ail haché fin
1 c. à soupe de sauce aux haricots noirs
1 c. à soupe de sauce soja
1 c. à soupe de sauce au piment et gingembre en bouteille (facultatif)
1 c. à soupe de vinaigre de vin blanc
1/4 de tasse de bouillon de volaille
125 g de germes de soja, équeutés
3 oignons nouveaux, finement émincés
1/4 de tasse de coriandre fraîche hachée, pour décorer

1. Décortiquez et déveinez les crevettes. Découpez la viande de porc en fines lamelles. Cuisez les tagliatelles *al dente*, dans une grande casserole d'eau bouillante ; égouttez-les et réservez.
2. Faites chauffer l'huile dans une poêle ou un wok. Mettez l'ail et faites revenir 20 secondes, à feu vif. Ajoutez les crevettes et le porc ; faites sauter 1 minute. Incorporez les tagliatelles et les sauces, le vinaigre et le bouillon. Laissez cuire à feu vif, 2 à 3 minutes, pour bien réchauffer la préparation et jusqu'à absorption complète de la sauce.
3. Ajoutez les germes de soja et l'oignon nouveau, remuez, et laissez cuire 1 minute. Dressez dans un plat de service et décorez de feuilles de coriandre hachées.

Bœuf à la sauce aux haricots noirs

Temps de préparation :
20 minutes
Temps de cuisson :
10 minutes
Pour 4 personnes

2 c. à soupe de haricots noirs salés
1 oignon moyen
1 petit poivron rouge
1 petit poivron vert
2 c. à café de Maïzena
1/2 tasse de bouillon de bœuf
2 c. à café de sauce soja
1 c. à café de sucre
2 c. à soupe d'huile
1 c. à café d'ail écrasé
1 pincée de poivre noir
400 g de rumsteck ou de filet de bœuf, finement émincé

1. Rincez les haricots plusieurs fois à l'eau. Égouttez et écrasez-les. Coupez l'oignon en quatre. Ouvrez les poivrons, enlevez les graines et découpez-les en lanières. Diluez la Maïzena dans le bouillon, ajoutez le sucre et la sauce soja.
2. Faites chauffer 1 cuillère à soupe d'huile dans une poêle ou un wok, ajoutez l'ail, le poivre, l'oignon et les poivrons. Faites sauter 1 minute à feu vif et transférez dans un saladier.
3. Mettez le reste d'huile à chauffer ; ajoutez la viande et faites-la revenir 2 minutes à feu vif pour qu'elle dore. Incorporez les haricots noirs, le mélange de Maïzena et les légumes. Laissez cuire jusqu'à ce que la sauce bouille et épaississe.

LE SECRET
Faites toujours chauffer l'huile dans le wok ou dans la poêle avant d'y mettre la viande. L'huile chaude saisira rapidement la viande qui gardera ainsi tout son moelleux.

Tagliatelles au porc et aux crevettes (en haut) et bœuf à la sauce aux haricots noirs.

Spaghettis aux noix de cajou sautées

Temps de préparation :
20 minutes
Temps de cuisson :
5 minutes
Pour 4 personnes

200 g de spaghettis fins, coupés en petits bouts
1/4 de tasse d'huile
2 c. à café d'huile au piment
3 petits piments rouges, finement hachés
1/2 tasse de noix de cajou grillées, sans sel
1 poivron rouge haché
2 branches de céleri, coupées en biais
225 g de mini-épis de maïs en boîte, égouttés et coupés en deux
100 g de germes de soja
1 c. à soupe de sauce soja
2 c. à soupe de sauce au piment doux
2 c. à soupe d'oignons nouveaux hachés

1. Faites cuire les spaghettis *al dente* dans de l'eau frémissante ; égouttez.
2. Mettez les huiles à chauffer dans la poêle ou le wok ; ajoutez le piment et faites revenir 1 minute, à feu moyen. Incorporez les noix de cajou ; faites sauter 1 minute pour les faire dorer.
3. Mettez tous les légumes dans la poêle ; laissez-les cuire 3 minutes, à feu moyen, juste pour les attendrir. Versez les spaghettis et les sauces. Remuez jusqu'à ce qu'ils soient chauds et que les ingrédients soient bien mélangés. Servez aussitôt après avoir recouvert d'oignons nouveaux hachés.

Spaghettis aux noix de cajou (en haut) et bœuf au sésame et à l'orange.

Bœuf au sésame et à l'orange

Temps de préparation :
15 minutes + 20 minutes *au réfrigérateur*
Temps de cuisson :
10 minutes
Pour 4 personnes

400 g de rumsteck
2 c. à café de zeste d'orange finement râpé
2 c. à café d'huile de sésame
3/4 de tasse de jus d'orange
1 c. 1/2 à café de Maïzena
2 c. à soupe d'huile d'arachide
1 petit oignon, coupé en 8
2 petites carottes, coupées en bâtonnets
150 g de haricots verts extra fins, coupés
1 c. à soupe de graines de sésame grillées
1 c. à soupe de sauce soja
1 c. à soupe supplémentaire d'huile de sésame

1. Dégraissez la viande et coupez-la en fines lanières. Mettez-la dans un plat non oxydable avec le zeste d'orange et l'huile de sésame. Avec les doigts, badigeonnez la viande de ce mélange ; elle doit s'imprégner de tous les parfums. Recouvrez d'un film plastique et laissez reposer 20 minutes au réfrigérateur. Mélangez le jus d'orange et la Maïzena ; réservez.
2. Mettez l'huile à chauffer dans la poêle ou le wok. Faites sauter et dorer la viande par fournées, à feu vif. Réservez dans un plat et gardez au chaud.
3. Réchauffez la poêle ; ajoutez l'oignon, la carotte, le soja. Faites sauter 2 minutes, à feu vif, pour attendrir les légumes. Versez le mélange de Maïzena et de jus d'orange dans la poêle et laissez mijoter jusqu'à ce que la sauce bouille et épaississe. Remettez la viande dans la poêle ; ajoutez les graines de sésame, la sauce soja et l'huile de sésame ; réchauffer. Servez aussitôt.

LE SECRET
L'huile de sésame est très fortement parfumée ; une petite goutte suffit à aromatiser un plat. On l'utilise essentiellement dans les marinades ou pour relever un plat après cuisson.

Les plats frits

Quelques ingrédients frais, un peu de temps et une poêle résistante suffisent pour préparer un délicieux repas, à la portée de tous. Les plats frits peuvent être préparés à l'occasion d'une fête ou pour un repas pris sur le pouce. Quoi qu'il en soit, servez-les sans attendre – de la poêle à la table. La règle en ce domaine est fraîcheur et rapidité.

Bœuf glacé miel et moutarde

Temps de préparation :
5 minutes
Temps de cuisson :
15 minutes
Pour 4 personnes

1 c. à soupe d'huile
4 tournedos de bœuf
2 c. à café de gingembre frais râpé
2 gousses d'ail écrasées
1/2 tasse de bouillon de bœuf
1/3 de tasse de miel
2 c. à soupe de coriandre fraîche hachée
1 c. à soupe 1/2 de moutarde
1 c. à soupe de sauce soja
Persil frais haché, pour le service

1. Faites chauffer l'huile dans la poêle ; mettez les tournedos. Laissez cuire 2 minutes, à feu vif, de chaque côté. Pour un tournedos à point, laissez cuire 4 à 6 minutes de chaque côté. Pour un tournedos saignant, faites cuire à feu moyen 2 à 3 minutes de chaque côté. Sortez la viande de la poêle et gardez-la au chaud.

2. Mettez dans la poêle le gingembre, l'ail, le bouillon, le miel, la coriandre, la moutarde et la sauce soja. Portez à ébullition. Réduisez à feu moyen, laissez mijoter, à découvert, 4 minutes jusqu'à ce que la sauce ait réduit et épaissi, en remuant souvent. Nappez les tournedos de sauce et parsemez de persil.

Bœuf glacé miel et moutarde (en haut), et côtelettes d'agneau sauce romarin et haricots beurre (recette page 36).

Dez.

Côtelettes d'agneau sauce romarin et haricots beurre

Temps de préparation :
10 minutes
Temps de cuisson :
5 minutes
Pour 4 personnes

310 g de haricots beurre en conserve
2 gousses d'ail écrasées
2 c. à soupe de crème fraîche
1 c. à soupe de jus de citron
1 c. à café de paprika moulu
2 c. à soupe d'huile
1 c. à soupe de romarin frais, haché
8 côtelettes d'agneau

1. Mixez 30 secondes, au mixeur ou au robot ménager, les haricots égouttés, l'ail, la crème fraîche, le jus de citron et le paprika, jusqu'à obtention d'une consistance onctueuse.
2. Mettez l'huile et le romarin à chauffer dans la poêle ; ajoutez les côtelettes. Cuire 2 minutes, à feu vif, de chaque côté pour une viande saignante ; pour une viande à point, cuire 1 minute de plus, de chaque côté. Sortez de la poêle, égouttez sur du papier absorbant et gardez au chaud. Enlevez l'excès de graisse dans la poêle.
3. Versez la purée de haricots réservée dans la poêle, réchauffez 1 minute. Servez aussitôt avec les côtelettes.

Côtelettes de porc glacées à la groseille

Temps de préparation :
10 minutes
Temps de cuisson :
20 minutes
Pour 4 personnes

4 côtelettes de porc
1 c. à soupe d'huile
1 tasse de vin blanc
1/3 de tasse de confiture de groseilles

1. Parez la viande. Faites chauffer l'huile dans une poêle ; mettez-y les côtelettes. Cuisez-les 8 minutes de chaque côté, à feu moyen, pour les dorer. Sortez-les et gardez-les au chaud.
2. Versez le vin et la confiture dans la poêle ; remuez pour mélanger les sucs. Portez à ébullition, laissez mijoter 10 minutes jusqu'à ce que la sauce ait réduit de moitié. Nappez-en les côtelettes.

> LE SECRET
> Épongez la poêle encore chaude avec du papier absorbant – elle sera plus facile à nettoyer.

Rösti suisse

Temps de préparation :
10 minutes
Temps de cuisson :
40 minutes
Pour 4 personnes

700 g de pommes de terre
1/2 c. à café de sel
Poivre à volonté
1 c. à soupe d'huile
30 g de beurre

1. Épluchez les pommes de terre et râpez-les grossièrement ; écrasez-les pour enlever tout excès d'humidité. Séchez-les sur du papier absorbant, salez et poivrez.
2. Mettez l'huile et la moitié du beurre à chauffer dans une poêle. Ajoutez les pommes de terre ; aplatissez-les fermement. Laissez cuire, sans remuer, 20 minutes à petit feu, jusqu'à ce que les pommes de terre dorent et croustillent. Mettez dans un plat et gardez au chaud. Faites chauffer le reste de beurre dans la poêle ; lorsqu'il grésille, remettez-y le gâteau de pommes de terre. Laissez cuire 10 minutes, à feu moyen, jusqu'à ce que la galette soit dorée et croustillante. Découpez en quartiers et servez avec du pain et une salade verte croquante, si vous le souhaitez.

Rösti suisse (en haut) et côtelettes de porc glacées à la groseille.

1 Ajoutez les champignons dans la casserole, laissez revenir pour les attendrir.

2 Incorporez le parmesan au risotto et sortez du feu.

Risotto frit aux champignons

Temps de préparation :
20 minutes + 1 heure
15 minutes au frais
Temps de cuisson :
30 minutes
Pour 4 personnes

3 tasses 1/4 de bouillon de légumes
1 c. à soupe d'huile d'olive
20 g de beurre
1 tasse de riz rond
150 g de petits champignons de Paris, finement émincés
1/3 de tasse de parmesan fraîchement râpé
Huile de friture

1. Portez le bouillon à ébullition dans une petite casserole. Réduisez le feu, couvrez et laissez frémir doucement. Mettez l'huile et le beurre à chauffer dans une grande poêle. Ajoutez l'oignon, faites-le revenir 3 minutes à feu doux. Versez le riz et laissez cuire 2 minutes. Ajoutez les champignons, laissez cuire 3 minutes pour les attendrir.

2. Versez le bouillon chaud, 1/2 tasse à la fois, sans cesser de remuer jusqu'à complète absorption. Répétez l'opération jusqu'à utilisation de toute la quantité de bouillon ; le riz doit être tendre et onctueux (compter 20 minutes). Incorporez le parmesan et sortez du feu.

3. Transférez dans un saladier et mettez 1 heure au réfrigérateur. Les mains bien sèches, prenez de petites quantités de préparation (1/4 de tasse environ) et formez des galettes rondes et plates. Mettez au frais 15 minutes.

4. Dans une poêle à frire non adhésive mettez 2 cm d'huile à chauffer. Faites frire et dorer les galettes, 3 à 4 minutes de chaque côté. Séchez-les sur du papier absorbant. Servez avec une sauce relevée.

Risotto frit aux champignons.

3 Prenez le risotto mis au frais et formez, à la main, des galettes rondes et plates.

4 Faites-les frire, 3 à 4 minutes de chaque côté, séchez-les sur du papier absorbant.

Porc parfumé poêlé

Temps de préparation :
15 minutes
Temps de cuisson :
25 minutes
Pour 4 personnes

2 médaillons de porc (500 g)
1/4 de tasse d'huile
1 gros oignon, finement haché
1 grosse pomme, pelée, épépinée et coupée en petits dés
1/2 c. à café de graines de moutarde jaune
2 c. à café de curry en poudre
1 c. à café de gingembre frais, râpé
1 bâton de cannelle
500 g de tomates bien mûres, pelées et grossièrement hachées
1/2 c. à café de sel
1/2 tasse de yaourt
1 c. à soupe de menthe fraîche, finement hachée

1. Parez la viande et coupez-la en lanières. Faites chauffez la moitié de l'huile dans une grande poêle, mettez le porc et faites roussir 2 à 3 minutes. Sortez la viande de la poêle et gardez-la au chaud. Mettez l'huile restante à chauffez dans la poêle, ajoutez les oignons et la pomme. Laissez cuire et dorer 5 minutes.
2. Incorporez les graines de moutarde et laissez cuire 1 minute jusqu'à ce qu'elles commencent à éclater. Ajoutez le curry, le gingembre et le bâton de cannelle, laissez frire et se développer tous les parfums. Mettez la viande, salez, couvrez, et faites mijoter 15 minutes à feu doux jusqu'à ce que le porc soit tendre.
3. Versez le yaourt et saupoudrez de menthe juste avant de servir. Réchauffez sans faire bouillir.

Steaks au poivre sauce au brandy

Temps de préparation :
15 minutes
Temps de cuisson :
10 minutes
Pour 4 personnes

2 c. à soupe de grains de poivre rose
2 c. à soupe de grains de poivre blanc
2 c. à soupe de grains de poivre noir
2 c. à café de sel
2 c. à soupe d'huile
4 steaks (dans le filet), dégraissés

Sauce au brandy
6 gousses d'ail écrasées
1/4 de tasse de brandy
1 tasse de crème fraîche, épaisse ou fleurette

1. Broyez les grains de poivre au robot ménager ou mettez-les dans un sac en plastique et écrasez-les avec un rouleau à pâtisserie. Dans un saladier, mélangez-les avec le sel et l'huile. Faites pénétrer, à la main, ce mélange dans la viande, en pressant fortement.
2. Mettez l'huile à chauffez, à feu vif, dans une grande poêle à frire et posez les steaks. Réduisez le feu, laissez cuire 2 à 3 minutes. Retournez les steaks en veillant à ne pas casser la croûte de poivre et cuisez 2 à 3 minutes. (La viande doit être cuite à point.) Posez les steaks dans un grand plat, au chaud.
3. Préparation de la sauce au brandy. Mélangez l'ail et le brandy dans la poêle, faites revenir 1 minute, à feu vif. Ajoutez la crème et laissez cuire 3 à 4 minutes à feu doux, sans cesser de remuer, jusqu'à ce que la sauce épaississe et nappe le dos de la cuillère. Versez sur les steaks et servez accompagné d'un mélange de pommes de terre, de dés de citrouille et de haricots verts sautés.

Porc parfumé poêlé (en haut) et steaks au poivre sauce brandy.

> LE SECRET
> Si vous servez du riz avec des plats sautés ou frits, arrosez-le d'un peu de jus de viande et remuez. Il sera beaucoup moins sec et bien plus parfumé.

Galette poireau-courgette au fromage

Temps de préparation :
20 minutes
Temps de cuisson :
40 minutes
Pour 4 personnes

2 c. à soupe d'huile d'olive
3 poireaux, finement émincés
2 courgettes, en allumettes
1 gousse d'ail écrasée
Sel et poivre à volonté
5 œufs légèrement battus
1/3 de tasse de parmesan râpé
1/3 de tasse de fromage à pâte molle, coupé en dés

1. Mettez 1 cuillère à soupe d'huile à chauffer dans une petite casserole, mettez le poireau et faites-le ramollir. Couvrez et laissez cuire 10 minutes. Ajoutez les courgettes, l'ail et laissez cuire 10 minutes de plus. Transférez dans un saladier. Laissez refroidir, salez, poivrez et incorporez l'œuf et les fromages.
2. Mettez le reste d'huile à chauffez, versez la préparation et lissez la surface. Laissez cuire 15 minutes à petit feu jusqu'à ce que la galette commence à prendre.
3. Faites dorer 3 à 5 minutes sous le gril du four préchauffé. Laissez reposer la galette 5 minutes avant de la couper en quartiers et de servir.

Croustades de thon aux herbes

Temps de préparation :
15 minutes + 15 minutes au réfrigérateur
Temps de cuisson :
10 minutes
Pour 4 personnes

1 tasse d'un mélange de fines herbes fraîches
8 tranches de pain rassis sans la croûte
1 œuf
2 c. à soupe de lait
4 darnes de thon
2 c. à soupe d'huile d'olive
Sel et poivre à volonté

1. Mixez les herbes et le pain 30 secondes pour réduire en chapelure. Battez l'œuf et le lait dans un petit bol.
2. Badigeonnez d'œuf chaque darne de thon, enrobez du mélange de pain et d'herbes et pressez fortement pour incruster le mélange. Laissez au réfrigérateur 15 minutes.
3. Mettez l'huile à chauffer dans une grande poêle ; faites cuire le thon 2 minutes de chaque côté, à feu vif. Assaisonnez à volonté et servez aussitôt avec une salade verte si vous le désirez.

Galette poireau-courgette au fromage (en haut) et croustades de thon aux herbes.

Steak à l'oignon

Temps de préparation :
10 minutes
Temps de cuisson :
20 minutes
Pour 4 personnes

4 steaks (filet ou rumsteck)
2 gros oignons
30 g de beurre
2 gousses d'ail, finement hachées
1/2 c. à café de sucre
Sel et poivre, à volonté
1 c. à soupe d'huile
2 c. à soupe de sauce barbecue
2 c. à soupe de persil finement haché

1. Parez la viande. Pelez les oignons, partagez-les et émincez-les finement. Mettez le beurre à fondre dans une grande poêle à frire. Faites ramollir les oignons, 5 minutes à feu doux, en remuant de temps en temps. Ajoutez l'ail et le sucre, faites cuire 2 minutes. Posez du papier absorbant dans une assiette chaude et versez-y la préparation, assaisonnez et recouvrez de papier aluminium pour garder au chaud.
2. Mettez l'huile à chauffer dans la poêle, posez les steaks et faites griller 3 à 4 minutes de chaque côté. Nappez chaque steak d'un peu de sauce barbecue et recouvrez avec les oignons. Laissez cuire, sans retourner, 3 minutes de plus pour un steak saignant, 5 minutes pour une cuisson à point. Saupoudrez de persil haché et servez accompagné de frites, si vous le désirez.

Rissoles sauce barbecue

Temps de préparation :
20 minutes + 30 minutes au frais
Temps de cuisson :
20 minutes
Pour 6-8 personnes

750 g de bœuf haché
250 g de chair à saucisse
1 petit oignon, finement haché
1 c. à soupe de sauce Worcestershire
2 c. à soupe de sauce tomate
1 tasse de pain frais émietté
1 œuf, légèrement battu

Sauce barbecue
1 petit oignon, finement haché
2 c. à soupe de farine
1 c. à soupe de vinaigre de vin rouge
1 c. à soupe de sucre roux
1/3 de tasse de sauce tomate
1 c. à soupe de sauce Worcestershire
1 tasse de bouillon de bœuf

1. Dans un saladier, mélangez à la main le bœuf haché, la chair à saucisse, l'oignon, les sauces, le pain et l'œuf. Divisez la préparation en 6 portions égales et formez des galettes épaisses. Laissez 30 minutes au frais.
2. Faites chauffez la poêle et graissez-la légèrement Mettez les galettes à cuire, à feu moyen, 7 minutes de chaque côté, en les retournant une fois. Transférez dans une assiette, recouvrez d'aluminium et gardez au chaud.
3. Sauce barbecue. Dans la poêle, faites ramollir l'oignon, 5 minutes à feu moyen. Versez la farine tout en remuant et laissez cuire 1 minute. Incorporez progressivement le mélange de vinaigre, de sauces et de bouillon. Portez à ébullition et laissez bouillonner 2 minutes, en remuant de temps en temps. Nappez les rissoles avec la sauce.

LE SECRET
Les rissoles peuvent se cuire sur la grille ou sur la plaque d'un barbecue. La chaleur doit être vive, les braises rougeoyantes, sans flammes vives. Placez-les sur la partie la plus chaude et faites-les brunir rapidement des deux côtés.

Steak à l'oignon (en haut) et rissoles sauce barbecue.

Filets d'agneau poivrés, sauce aux raisins

Temps de préparation :
15 minutes
Temps de cuisson :
20 minutes
Pour 4 personnes

600 g de filets d'agneau
1 c. à soupe de poivre noir
1 c. à soupe d'huile
4 oignons nouveaux, hachés
2 c. à soupe de raisins
2 c. à soupe de whisky
2 c. à café de thym frais, haché
1 tasse de crème ou de crème fraîche épaisse
Sel à volonté

1. Parez la viande, puis enrobez-la bien uniformément de poivre, avec les mains. Mettez l'huile à chauffer dans une grande poêle à frire. Faites cuire les filets, 2 ou 3 à la fois, 3 à 4 minutes à feu moyen, en les retournant de temps en temps. Transférez la viande dans une assiette chaude et recouvrez d'aluminium pour garder au chaud.
2. Remettez la poêle à chauffer. Faites cuire 2 minutes les oignons et les raisins. Versez le whisky et faites réduire ; ajoutez le thym, la crème fraîche, laissez mijoter 2 minutes en remuant de temps en temps.
3. Coupez la viande, en diagonale, en longues et fines tranches et disposez-la dans les assiettes de service chaudes. Nappez de sauce, salez et servez immédiatement. Accompagnez de légumes vapeur si vous le désirez.

Veau pané

Temps de préparation :
20 minutes + 30 minutes au frais
Temps de cuisson :
4-6 minutes
Pour 4 personnes

4 escalopes de veau
1/3 de tasse de farine
2 œufs légèrement battus
1/2 tasse de chapelure
1/3 de tasse d'huile
50 g de cheddar, finement émincé
1 tasse de sauce tomate

1. Parez la viande. Aplatissez les escalopes de façon uniforme et entaillez les bords pour éviter qu'elles ourlent à la cuisson. Saupoudrez la farine sur une feuille de papier sulfurisé et farinez légèrement la viande. Plongez les escalopes une à une dans l'œuf battu, panez-les sans trop les charger de chapelure. Rangez-les côte à côte dans une grande assiette et recouvrez d'un film fraîcheur. Mettez 30 minutes au réfrigérateur.
2. Mettez l'huile à chauffer dans une poêle à fond épais. Faites cuire le veau 2 à 3 minutes à feu moyen. Retournez la viande et posez les lamelles de fromage sur le côté cuit. Laissez cuire 2 à 3 minutes et sortez les escalopes à l'aide d'une passoire. Séchez-les sur du papier absorbant.
3. Réchauffez la sauce tomate au micro-ondes ou dans une petite casserole. Posez les escalopes dans les assiettes de service et nappez de sauce.

LE SECRET
La réussite d'une escalope panée dépend de la finesse de la viande. Avant d'aplatir celle-ci à l'aide d'un attendrisseur à viande, couvrez-la d'un film fraîcheur pour la protéger. Quand les escalopes sont déjà suffisamment fines, mais que leur surface doit être aplanie, utilisez le côté plat de l'attendrisseur plutôt que le côté denté.

Veau pané (en haut) et filets d'agneau poivrés, sauce aux raisins.

Aubergines aux épices

Temps de préparation :
15 minutes
+ 15 minutes de repos
Temps de cuisson :
10 minutes
Pour 4-6 personnes

2 aubergines moyennes (250 g chacune)
Sel
1/3 de tasse de farine
2 c. à soupe de cumin moulu
2 c. à soupe de coriandre moulue
1 c. à café de piment en poudre
Huile de friture
1/2 tasse de yaourt au lait entier
1 c. à soupe de menthe fraîche hachée

1. Coupez les aubergines en tranches de 1 cm. Disposez-les en une couche sur une plaque et salez-les généreusement. Laissez reposer 15 minutes. Rincez et séchez les aubergines en les tapotant avec du papier absorbant.
2. Tamisez la farine et les épices au-dessus d'une assiette et enrobez-en légèrement les tranches d'aubergines.
3. Mettez environ 2 cm d'huile à chauffer dans une poêle à fond épais. Mettez les rondelles à dorer, pas trop à la fois, 2 à 3 minutes de chaque côté. Séchez-les sur du papier absorbant. Mélangez le yaourt et la menthe et servez avec les aubergines chaudes.

Saumon à la crème fraîche et au basilic

Temps de préparation :
10 minutes
Temps de cuisson :
12 minutes
Pour 4 personnes

1 c. à soupe d'huile
30 g de beurre
4 filets de saumon
2 poireaux, finement émincés
1/2 tasse de vin blanc sec
1/2 tasse de fumet de poisson
1/2 tasse de crème fraîche ou de crème épaisse
1/4 de tasse de feuilles de basilic fraîches émincées

1. Mettez l'huile et le beurre à chauffer dans une poêle. Posez les filets de saumon et laissez cuire 2 minutes de chaque côté. Sortez de la poêle, recouvrez de papier aluminium et gardez au chaud.
2. Mettez les poireaux dans la poêle. Faites revenir pour les attendrir 5 minutes à feu assez vif. Versez le vin et faites réduire de moitié, 2 minutes, à découvert. Ajoutez le fumet, faites de nouveau réduire de moitié.
3. Incorporez la crème fraîche, le basilic et faites chauffer 1 minute en remuant. Nappez les filets de sauce avant de servir. Accompagnez d'une salade verte si vous le désirez.

Aubergines aux épices (en haut) et saumon à la crème fraîche et au basilic.

LE SECRET
Remplacer le saumon par des filets de poisson blanc. La crème fraîche s'obtient en mélangeant 1 tasse de crème épaisse avec 1/2 tasse de crème fleurette. Laissez 5 à 6 heures à température ambiante jusqu'à ce qu'elle épaississe un peu. Couvrez et mettez au frais. Elle se conservera 10 jours dans un récipient hermétique.

1 Mélangez les ingrédients secs et formez une fontaine au centre.

2 Utilisez un fouet métallique pour lier le mélange.

Beignets de tomates vertes

Temps de préparation :
10 minutes
Temps de cuisson :
12 minutes
Pour 4-6 personnes

3/4 tasse de farine
1 c. à café de sel
1/2 c. à café de poivre blanc
1/4 de tasse de semoule de maïs (polenta)
1 œuf
3/4 de tasse de lait
4 tomates vertes moyennes (500 g), voir Le secret
Huile de friture

1. Tamisez la farine, le sel et le poivre au-dessus d'un saladier. Ajoutez la polenta mélangez. Faites une fontaine au centre.
2. Mélangez le lait et l'œuf et incorporez-les progressivement dans la préparation. Fouettez légèrement sans faire mousser le mélange.
3. Coupez les tomates en rondelles épaisses. Mettez environ 1 cm d'huile à chauffer dans une poêle à frire.
4. Plongez les tomates dans la pâte sans trop les charger et faites-les frire 1 minute de chaque côté en les retournant avec des pinces. Séchez-les sur du papier absorbant et servez aussitôt.

LE SECRET
Les tomates vertes sont tout simplement des tomates qui n'ont pas mûri. Prenez-les à moitié vert et rouge si vous avez des difficultés à en trouver de bien vertes.

Beignets de tomates vertes.

3 Coupez les tomates en tranches suffisamment épaisses pour la friture.

4 Faites frire les beignets plusieurs minutes dans l'huile chaude, retournez-les une fois.

Escalopes de veau à la sauce tomate, olives et anchois

Temps de préparation :
15 minutes
Temps de cuisson :
15 minutes
Pour 4 personnes

1 c. à soupe d'huile
8 petites escalopes de veau (ou de mouton dans le filet)
1 oignon moyen haché
2 gousses d'ail hachées
4 filets d'anchois hachés
500 g de tomates mûres, hachées
1 c. à soupe de vinaigre balsamique
sel et poivre, à volonté
1/2 tasse d'olives noires piquantes, coupées en deux
1 c. à soupe de persil frais, haché

1. Faites chauffer l'huile dans une grande poêle à frire. Faites cuire les escalopes pendant 1 à 2 minutes, à feu moyen. Transférez la viande dans une assiette chaude, recouvrez d'aluminium et gardez au chaud.
2. Mettez l'oignon et l'ail dans la poêle, laissez cuire 5 minutes, à feu doux, en remuant souvent. Ajoutez les anchois et la tomate, et laissez cuire 5 minutes de plus. Arrosez de vinaigre, salez et poivrez à volonté. Laissez cuire cette sauce pendant 1 minute. Incorporez les olives et le persil, réchauffez.
3. Déposez les escalopes dans les assiettes de service chaudes. Nappez-les de 2 à 3 cuillères à soupe de sauce. Accompagnez de pâtes, si vous le désirez.

Poulet en sauce à l'oignon

Temps de préparation :
10 minutes
Temps de cuisson :
25 minutes
Pour 4 personnes

1/3 tasse de farine
1 c. à café de paprika moulu
1 c. à café de safran moulu
1 c. à café de cumin moulu
1 c. à café de coriandre moulue
1/2 tasse de piment moulu
1/2 c. à café d'ail salé
8 blancs de poulet émincés et dégraissés
2 c. à soupe d'huile
2 oignons coupés en quatre
2 c. à café de gingembre frais, râpé
1/4 de tasse d'un chutney au fruit
1 tasse de bouillon de volaille

1. Dans un saladier moyen, mélangez la farine, le paprika, le safran, le cumin, la coriandre, le piment et l'ail salé. Ajoutez le poulet, et remuer pour bien enrober – sans trop la charger – la viande d'épices.
2. Mettez la moitié d'huile à chauffer dans une poêle à fond épais. Faites dorer et roussir la viande, 3 minutes, de chaque côté, à feu assez vif, en retournant la viande une fois. Sortez les blancs de poulet du feu et séchez-les sur du papier absorbant.
3. Mettez le reste d'huile à chauffer dans la même poêle. Ajoutez les oignons et le gingembre. Laissez fondre les oignons, 3 minutes, à feu moyen. Incorporez le chutney et le bouillon, mélangez. Remettez les blancs de poulet dans la poêle, réduisez le feu, couvrez et laissez mijoter 15 minutes, jusqu'à ce que la viande soit tendre. Découvrez et laissez cuire 5 minutes de plus pour faire réduire et épaissir la sauce. Décorez de rubans d'oignons nouveaux ou de lanières de poivron, si vous le désirez.

Escalopes de veau à la sauce tomate, olives et anchois (en haut), et poulet en sauce à l'oignon.

LE SECRET
Pour rehausser la saveur des épices moulues, faites-les revenir rapidement à feu vif.

Poulet à l'orange

Temps de préparation :
15 minutes
Temps de cuisson :
50 minutes
Pour 4 personnes

30 g de beurre
1 c. à soupe d'huile
8 pilons de poulet
2 oignons émincés
2 gousses d'ail hachées
1/4 de tasse de jus d'orange
2 c. à café de zeste d'orange
1 c. à café de sucre semoule roux
1/2 tasse de vin blanc
1/2 tasse d'eau
40 g de préparation instantanée pour soupe à l'oignon

1. Mettez le beurre et l'huile à chauffer dans une poêle à fond épais, ajoutez le poulet. Faites roussir la viande, 5 minutes, en la retournant de temps en temps. Sortez du feu et séchez les pilons sur du papier absorbant.
2. Mettez l'oignon et l'ail dans la poêle, laissez fondre 3 minutes à feu moyen. Ajoutez le zeste et le jus d'orange, le sucre, le vin et la soupe à l'oignon diluée dans l'eau. Remuez pour bien mélanger.
3. Remettez les pilons dans la poêle, amenez la sauce à ébullition. Réduisez le feu et laissez mijoter 40 minutes, couvert, en remuant de temps en temps. La viande doit être tendre et la sauce doit avoir réduit et épaissi. Acompagnez, si vous le souhaitez, d'une salade de tomates et de riz.

Foie d'agneau au bacon

Temps de préparation :
10 minutes
Temps de cuisson :
30 minutes
Pour 6 personnes

1 foie d'agneau (750 g)
1/4 de tasse de Maïzena
1/4 de c. à café de poivre noir moulu
6 tranches de bacon
2 c. à soupe d'huile
2 oignons moyens, finement émincés
1 cube de bouillon de bœuf, émietté
1 tasse d'eau bouillante

1. Lavez le foie, émincez-le et retirez les veines et les parties décolorées, si besoin est. Séchez-le en le tamponnant avec du papier absorbant. Sur une feuille de papier sulfurisé, mélangez la Maïzena et le poivre. Farinez légèrement les tranches de foie.
2. Coupez grossièrement le bacon et faites-le frire à la poêle. Séchez-le sur du papier absorbant. Ajoutez de l'huile dans la poêle, mettez-y l'oignon à dorer, 5 à 10 minutes. Sortez cette préparation de la poêle avec une écumoire.
3. Faites cuire et dorer le foie, par fournées, à feu moyen ; sortez les tranches de la poêle et

Poulet à l'orange (en haut) et foie d'agneau au bacon.

séchez-les sur du papier absorbant. Remettez le foie, le bacon et l'oignon dans la poêle. Mettez le cube de bouillon à dissoudre dans l'eau bouillante, versez progressivement le bouillon dans la poêle. Remuez, 10 minutes, sur feu moyen, jusqu'à ce que la sauce bouillonne et commence à épaissir. Servez accompagné de pommes de terre sautées et de légumes vapeur, si vous le désirez.

Le secret
Le foie est un aliment très riche en vitamines A et B. 150 g de foie apportent bien plus que le besoin quotidien conseillé pour ces mêmes vitamines.

Poulet au romarin et au citron

Temps de préparation :
10 minutes
Temps de cuisson :
30 minutes
Pour 4 personnes

30 g de beurre
1 c. à soupe d'huile
4 cuisses de poulet sans la peau
2 petits piments rouges, finement hachés
1 c. à soupe de romarin frais, haché
6 gousses d'ail écrasées
1/3 de tasse de jus de citron
1/3 de tasse de bouillon de volaille
4 pommes de terre moyennes, pelées et détaillées en cubes de 3 cm

1. Faites chauffer le beurre et l'huile dans une poêle, ajoutez le poulet. Faites bien dorer, 5 minutes, à feu moyen.
2. Ajoutez le piment, le romarin, l'ail, le jus de citron, le bouillon et les pommes de terre. Couvrez et réduisez le feu au maximum. Laissez mijoter 25 minutes jusqu'à ce que la viande et les pommes de terre soient tendres. Remuez et dégraissez de temps en temps pendant la cuisson. Servez accompagné de carottes vapeur, si vous le désirez.

Médaillons de porc à la sauce cidre et gingembre

Temps de préparation :
10 minutes
Temps de cuisson :
8 minutes
Pour 4 personnes

4 médaillons de porc
1 c. à soupe d'huile
1 c. à café de gingembre râpé
1 tasse de cidre
1 c. à café de Maïzena
1 c. à soupe de ciboulette hachée

1. Parez la viande. Faites chauffer l'huile dans une poêle à fond épais, mettez-y la viande. Cuisez-la 2 à 3 minutes de chaque côté, en la retournant une fois. Sortez-la de la poêle et gardez au chaud.
2. Ajoutez le gingembre dans la poêle, remuez et détachez avec une cuillère en bois. Versez 1 cuillère à soupe de bouillon dans un petit saladier, incorporez la Maïzena et remuez pour lier la sauce. Mélangez avec le reste de cidre. Versez dans la poêle, portez à ébullition et laissez mijoter pendant 2 minutes, en remuant, jusqu'à ce que la sauce réduise et épaississe. Incorporez la ciboulette. Nappez les médaillons de sauce.

Poulet au romarin et au citron (en haut) et médaillons de porc à la sauce cidre et gingembre.

Steak aux épices

Temps de préparation :
5 minutes
Temps de cuisson :
10 minutes
Pour 4 personnes

✳

4 steaks dans le filet
2 c. à soupe de poivre noir concassé
2 c. à café d'huile
1/2 tasse de bouillon de volaille
1 c. à café de sauce Worcestershire
1 c. à soupe de sauce tomate
1 c. à café de moutarde douce
1/2 c. à café de moutarde anglaise forte en poudre
1 gousse d'ail écrasée
2 c. à soupe de persil finement haché
30 g de beurre

1. Dégraissez les steaks. Enrobez bien la viande de poivre. Faites chauffer l'huile dans une grande poêle à fond épais. Mettez à cuire 3 à 5 minutes à feu vif pour saisir la viande de chaque côté, en la retournant une seule fois. Réduisez le feu. Pour une viande saignante, laissez cuire 1 minute de plus en tout, pour une cuisson à point, 2 à 3 minutes, pour une viande très cuite, 5 minutes en tout. Sortez de la poêle et gardez au chaud.
2. Versez dans la poêle le bouillon, les sauces, les moutardes et l'ail. Faites revenir rapidement, utilisez une spatule en bois pour gratter le fond de la poêle. Amenez la sauce à ébullition, laissez cuire 30 secondes pour réduire légèrement et sortez du feu. Incorporez le persil et le beurre. Remuez jusqu'à ce que le beurre fonde. Mettez les steaks à réchauffer à la poêle. Servez accompagné de pommes de terre sautées, de haricots verts à la vapeur et de mange-tout, si vous le désirez.

Omelette au saumon fumé à l'espagnole

Temps de préparation :
15 minutes
Temps de cuisson :
35 minutes
Pour 4 personnes

✳ ✳

1/4 de tasse d'huile
2 oignons finement hachés
375 g de pommes de terre, pelées, en dés de 1 cm
Sel et poivre blanc à volonté
125 g de saumon fumé, finement haché
2 c. à soupe de persil frais haché
5 œufs légèrement battus
1/4 de tasse de crème liquide

1. Mettez 2 cuillères à soupe d'huile à chauffer dans une grande poêle ; ajoutez les oignons et les pommes de terre. Faites cuire, 5 minutes, à feu moyen, en remuant souvent, jusqu'à ce que les pommes de terre soient dorées. Baissez le feu, couvrez, et laissez cuire 5 minutes de plus, jusqu'à ce que les oignons et les pommes de terre soient tendres.
2. Transférez la préparation dans un bol, incorporez le saumon et le persil. Versez le mélange de crème et d'œufs, remuer pour bien mélanger.
3. Mettez le reste d'huile dans la poêle, versez-y la préparation. Laissez cuire 10 minutes à petit feu, jusqu'à ce que les œufs commencent à prendre. Mettez la poêle, 1 à 2 minutes, sous un gril préchauffé. Gardez au chaud quelques minutes et découpez en portions pour servir.

> LE SECRET
> Dans cette omelette, vous pouvez utiliser d'autres poissons fumés comme la truite ou le maquereau. Pensez au saumon fumé en boîte, à condition qu'il soit bien égoutté, pelé et débarrassé de ses arêtes.

Steak aux épices (en haut) et omelette au saumon fumé à l'espagnole.

Poisson coco aux épices

Temps de préparation :
15 minutes
Temps de cuisson :
10 minutes
Pour 4 personnes

1 c. à soupe 1/2 d'huile
4 filets de poisson blanc, à chair ferme
1 c. à soupe supplémentaire d'huile
2 gousses d'ail écrasées
2 c. à café de gingembre frais, râpé
4 oignons nouveaux hachés
1 c. à café de cumin moulu
1 c. à café de curry en poudre
1 c. à café de paprika moulu
1 tasse de lait de noix de coco
1 c. à soupe de jus de citron
2 c. à soupe de coriandre fraîche hachée

1. Mettez l'huile à chauffer dans une poêle ; ajoutez les filets de poisson. Faites-les cuire de chaque côté 2 minutes à feu moyen. Sortez-les du feu, égouttez-les sur du papier absorbant et gardez-les au chaud.
2. Faites chauffer le reste d'huile dans la poêle ; ajoutez l'ail, le gingembre et l'oignon nouveau. Faites mijoter 2 minutes à feu moyen. Rajoutez le cumin, le curry et le paprika ; laissez mijoter encore 1 minute.
3. Versez le lait de noix de coco et le jus de citron dans la poêle. Baissez le feu ; laissez cuire 3 minutes, à découvert, jusqu'à ce que la sauce réduise, en remuant souvent. Rajoutez la coriandre. Nappez le poisson de sauce et servez immédiatement, accompagné d'une salade si vous le souhaitez.

Filets d'agneau au curry

Temps de préparation :
15 minutes
Temps de cuisson :
10 minutes
Pour 4 personnes

2 c. à soupe d'huile
500 g de filets d'agneau (dans la noix)
2 oignons en tranches
2 gousses d'ail hachées
2 c. à soupe de gingembre frais, râpé
1 petit piment rouge haché
1 c. à soupe de pâte de curry rouge
2 c. à soupe de jus de citron
1/2 tasse de bouillon de volaille ou d'agneau
2 c. à soupe de menthe fraîche, hachée
2 c. à soupe de coriandre fraîche, hachée

Filets d'agneau au curry (en haut) et poisson coco aux épices.

1. Mettez l'huile à chauffer dans une grande poêle ; ajoutez les filets d'agneau. Laissez cuire 4 minutes, à feu moyen, jusqu'à ce que la viande dore. Retournez les filets une fois durant la cuisson. Sortez la viande

de la poêle, égouttez, couvrez et gardez au chaud.
2. Ajoutez l'oignon, l'ail, le gingembre et le piment ; faites cuire pendant 3 minutes, à feu moyen. Ajoutez la pâte de curry ; laissez cuire pendant 1 minute, à feu vif, pour permettre aux parfums de se développer et de donner toutes leurs saveurs.
3. Versez le jus de citron et le bouillon dans la poêle, ajoutez la menthe et la coriandre ; laissez cuire 2 minutes. Remettez la viande dans cette sauce ; faites juste réchauffer. Servez, si vous le désirez, accompagné d'une salade verte.

Poisson à la tomate

Temps de préparation :
15 minutes
Temps de cuisson :
20 minutes
Pour 4 personnes

1 c. à soupe d'huile
1 gousse d'ail hachée
1 petit poivron rouge, finement haché
1 oignon moyen, finement haché
500 g de tomates hachées grossièrement
Sel et poivre, à volonté
1 c. à café de sucre
1 c. à café de sauce au piment
1/4 de tasse d'eau
4 filets de poisson blanc
Sel et poivre supplémentaires, à volonté
Jus d'un demi-citron
2 c. à soupe de coriandre fraîche, finement hachée

1. Faites chauffer l'huile dans une grande poêle ; ajoutez l'ail, le poivron et l'oignon. Laissez cuire à feu moyen pendant 10 minutes en remuant de temps en temps. Ajoutez les tomates, le sel et le poivre, le sucre et la sauce au piment. Réduisez le feu et laissez mijoter pendant 10 minutes, jusqu'à ce que la sauce ait réduit et épaissi. Ajoutez l'eau et remuez jusqu'à ce que le tout soit chaud.
2. Déposez les filets, en une seule couche, sur cette sauce. Assaisonnez de sel, poivre et citron. Couvrez la poêle et laissez cuire 5 minutes, à feu moyen, jusqu'à ce que la chair des filets de poisson se détache quand vous la piquez avec une fourchette. Parsemez de coriandre.

Poulet à la crème d'herbes, sauce champignons

Temps de préparation :
15 minutes
Temps de cuisson :
10 minutes
Pour 4 personnes

2 c. à soupe d'huile
4 blancs de poulet
1 oignon coupé en morceaux
2 gousses d'ail hachées
250 g de champignons de couche ou de Paris
2/3 de tasse de crème fraîche
1/2 tasse de bouillon de volaille
2 c. à soupe de persil frais, haché
1 c. à soupe d'origan frais, haché
1 c. à soupe de thym frais, haché

1. Faites chauffer l'huile dans une grande poêle ; ajoutez le poulet. Laissez cuire les blancs, 3 minutes de chaque côté, à couvert à feu moyen. Sortez-les de la poêle, égouttez-les sur du papier absorbant, couvrez-les et gardez-les au chaud.
2. Mettez l'oignon et l'ail dans la poêle ; laissez mijoter à feu moyen 2 minutes pour ramollir l'oignon. Ajoutez les champignons ; faites cuire 2 minutes jusqu'à ce qu'ils dorent.
3. Ajoutez la crème fraîche, le bouillon, la moutarde, le jus de citron, le persil, l'origan et le thym.
Laissez cuire 2 minutes à feu moyen, en remuant de temps en temps.
Remettez le poulet dans la poêle ; faites mijoter 2 à 3 minutes pour bien le faire cuire. Servez, si vous le souhaitez, accompagné de pâtes chaudes.

LE SECRET
Les plats préparés à la poêle doivent être servis rapidement. Pourtant des sauces comme la sauce tomate peuvent être préparées un jour ou deux à l'avance, ou même être congelées pour plusieurs semaines. Vous pouvez préparer le double de sauce et la conserver ainsi pour plus tard.

Poisson à la sauce tomate (en haut) et poulet à la crème d'herbes, sauce champignons.

Index

Photos de couverture : Bœuf au bok choy (à droite, recette p. 12) et Tagliatelles au porc et aux crevettes (à gauche, recette p. 30).